FÁBIO GOMES

DA IDEIA AO ~~SUCESSO~~ FRACASSO

VOLUME I: O SONHO

Como construir uma startup: da ideia ao investidor.

Da Ideia ao ~~Sucesso~~ Fracasso

Copyright © 2012 Fábio Gomes

Todos os direitos reservados.

Os personagens e eventos retratados neste livro são fictícios. Qualquer semelhança com pessoas reais, vivas ou falecidas, é coincidência e não é intencional por parte do autor.

Nenhuma parte deste livro pode ser reproduzida ou armazenada em um sistema de recuperação, ou transmitida de qualquer forma ou por qualquer meio, eletrônico, mecânico, fotocópia, gravação ou outro, sem a permissão expressa por escrito do autor.

ISBN: 9798629901945

SOBRE O AUTOR

Com o objetivo de contar uma história que possa ajudar empreendedores a não cometer erros já cometidos, **Fábio Gomes** é o pseudônimo de um empreendedor que focou em detalhar a rotina de um negócio desde a concepção da ideia.

Com isso, sua identidade real é totalmente desnecessária, mas se quiser conhecê-lo melhor e tirar dúvidas sobre a história, fique à vontade para falar pelo e-mail fabio@daideiaaofracasso.com.

AGRADECIMENTOS

Agradeço aos meus sócios e amigos Josh e Rogério, loucos que viram a loucura com o mesmo entusiasmo que eu, e enfrentaram tudo comigo.

Ao Gilbert, ilustre personagem dessa história que me ajudou a encontrar o investidor e, para não dar spoiler logo no início, foi o principal responsável pelos desdobramentos finais. Além de me dar assunto para um livro.

Aos nossos advogados, pelo ponto de vista, dedicação e amizade que criamos com base na inquietude que toda essa situação gerou.

Aos meus amigos Totu, Beluga e Caieiras, por terem me ajudado no direcionamento desse livro, opinando em alguns capítulos e fazendo com que a história fosse ainda mais clara para quem não a viveu.

Aos meus pais, que não fazem muita ideia do que eu faço da vida, mas com certeza são muito orgulhosos do caminho que o filho de um metalúrgico e uma dona de casa do interior traçou e segue sem medo.

E, por fim, à pessoa mais importante da história, minha esposa, que me aguentou nos momentos de estresse extremo de minha vida, me deu força, conselhos, e me ajudou a ver que eu sempre posso ser uma pessoa melhor. Independente do que as pessoas achem.

O que vivi na agência foi totalmente diferente do que o mercado prega. Eu era "mimado" por todos por ser o colaborador mais antigo e isso me fez sentir especial.

Bullshit!

Obviamente, eu era mais um bom soldado como muitos outros que haviam na empresa. Nada além disso.

O exercício de escrever este livro me fez refletir muito sobre cada passo dado. Identifiquei mais erros, outros acertos e que era complemente necessário viver todos os desafios citados para que os futuros fossem parte do fluxo.

Gilbert já havia trabalhado como gerente na Eatech até 2011, quando saiu para se dedicar à empresa recém-criada Garagem, que por sua vez tinha contrato de prestação de serviço com a Eatech.

Pouco mais de 4 anos fora, Gilbert foi convidado a liderar a área de tecnologia da Eatech, o que fez com que ele se dedicasse à empresa e encontrasse o Greenship como solução para o principal motivo de sua volta.

Ainda sobre este assunto, @GeorgeMurrey perguntou o que eu estava fazendo na Eatech quando recebi a aprovação da seleção da Campus Party no fim de 2014, o que cito no capítulo **Teste sem medo. Sem medo mesmo**.

Por ser responsável pela geração de novos negócios nos clientes, no dia em que recebi o e-mail da Campus Party eu tinha uma reunião marcada na Eatech. Foi pura coincidência eu estar em uma sala de reunião no meu futuro investidor no momento em que fomos selecionados para o Startup & Makers.

Assim como @ReEscritora, muitos outros leitores criticaram o meu sentimentalismo no dia em que saí da agência.

Sim, fui totalmente sentimental.

Acredito que meu e-mail para os sócios da agência tenha sido um pouco piegas. Só percebi a visão equivocada de me sentir especial quando escrevi este livro.

Da Ideia ao ~~Sucesso~~ Fracasso

Nota #1: Maio de 2020

Quando comecei a escrever este livro, muitas lembranças surgiram em minha mente. Mesmo alguns anos depois. Para deixar a história o mais simples e dinâmica possível, achei melhor descrever somente as informações básicas de todo o processo como se eu estivesse contando em uma mesa de bar.

O leitor @ORafaelMesmo perguntou sobre a minha relação com a Eatech antes mesmo do investimento.

A agência que eu trabalhava atuava no desenvolvimento de plataformas web para diversas empresas. A Eatech foi um contrato firmado em meados de 2009 e a agência começou a desenvolver um sistema que tinha como objetivo dinamizar todo o processo de relacionamento da empresa com os seus clientes.

Após muitos anos tentando criar a plataforma, a agência nunca conseguia construir algo que realmente resolvesse o problema. Até que um dia a Eatech desistiu e resolveu fazer com uma versão da SAP, como cito no capítulo **Demonstre agilidade**.

Como a agência não continuou o sistema, restou no contrato um pequeno número de horas mensais para manutenção do site da empresa. Atuando como Gerente de Negócios, era de minha reponsabilidade a utilização dessas horas e tentativas (frustradas) de aumentar o ticket médio.

Notas do Autor

Como forma de tornar esta obra mutável e participativa, farei atualizações frequentes em forma de Notas do Autor com o objetivo de esclarecer dúvidas e comentar considerações dos leitores. Quer compartilhar alguma informação sobre a história aqui contada? Sua pergunta pode ser uma das selecionadas da atualização!

Mande para **fabio@daideiaaofracasso.com** e participe!

O que importava é que eu tinha orgulho da empresa e todas as palavras ditas no e-mail foram de coração. Talvez um pouco piegas, mas de coração.

Depois desse momento de despedida de mão única, logo pensei: chega de romantismo e vamos entrar com tudo no novo desafio.

Na segunda-feira eu já tinha um novo endereço para frequentar. Uma nova etapa dessa história.

Chegou a hora de iniciar a construção.

Faria Lima, aí vou eu!

```
subir o máximo que conseguir. Não que a empresa
seja um limitador, mas os objetivos se tornaram
diferentes. Então, melhor caminho para ambos.

Eu prometi que não escreveria um email longo, mas
não consegui. Desculpem por isso :)

Espero que possamos nos encontrar a qualquer
momento para conversar pessoalmente e
trabalharmos juntos de alguma forma. Saio de
dentro para trabalhar ao lado.

Então é isso!

Desejo todo sucesso do mundo para a agência. Que
a empresa continue esse crescimento exponencial
que todos nós acompanhamos e que minha nova forma
de atuação construa e mude o mercado junto com
vcs.

Um forte abraço e a gente se encontra :)
```

Não recebi nenhuma resposta.

Talvez eu tivesse esperando muito de pessoas que eu imaginava que eram minhas amigas e, no final das contas, eu era apenas um colaborador. O que eu podia esperar, não é mesmo? De onde eu tirei que era mais do que isso?

Enfim...

mais. Ou seja, nossa última frase pessoalmente de 2015 me ajudou a enxergar que realmente 2016 não pode continuar assim. Não só para a agência, mas para mim também. E como "a vida não é tão romântica" a ponto de um funcionário empreender e continuar atuando normalmente na empresa e se tornar um orgulho por construir coisas, acabei chegando a essa conclusão.

Diretor 1 me ensinou muito sobre networking e negociação. De uns meses para cá se afastou de mim. Nunca mais fui chamado pelo apelido! Mas acredito que seja a distância.

Diretor 2 me ensinou muito sobre tecnicalidades. Aprendi a ter senso crítico, cobrar mais das pessoas, das coisas, das entregas. Inovação… Enfim, me deu as oportunidades que me fizeram chegar aonde cheguei.

Diretor 3 me ensinou a ser direto, político, calmo e persuasivo. Foi de quem estive mais próximo, na medida do possível, nos últimos meses.

Tudo isso será levado comigo, podem ter certeza.

Meu desejo é continuarmos trabalhando juntos, de alguma forma.

Saio triste por me desligar de uma empresa a qual tanto me dediquei, aprendi e vivi toda minha vida adulta. Mas feliz por enxergar novas oportunidades, algo que aprendi aqui dentro.

Minha sensação é de que sou um balão dentro de casa. Me diverti, ajudei, aprendi, mas bati no teto. Agora, resolvi sair pela porta da frente e

Volume I: O Sonho

Queria muito ter conversado com vcs juntos. Era muito importante pra mim. Não que eu seja especial, mas confesso que me senti um pouco colaborador-comum quando percebi que em 30 dias após o anúncio de minha saída não recebi nenhuma ligação, e-mail ou mensagem de whatsapp sobre o assunto. Mas tudo bem. Entendo que a vida não tem sido fácil para ninguém e tudo é uma questão de prioridades. Sem problemas.

Agradeço por todas as oportunidades e desafios que me proporcionaram durante esses 11 anos. Me sinto realizado e sigo minha vida profissional deixando um legado que aprendi e ensinei de alguma forma. Afinal, de 16 anos, minha passagem pela empresa representa quase 70% da operação.

Posso não ter conseguido alcançar todos os objetivos, nem conseguido os resultados esperados, mas de uma coisa eu tenho certeza: dei meu sangue pela empresa em todo esse tempo. Sempre tive orgulho da empresa, do meu trabalho e da participação da agência no mercado nacional.

As palavras que o meu diretor comentou em nossa última reunião, no dia 04/12/2015, ecoaram em minha mente. Ele disse: "precisamos encontrar uma solução, pois em 2016 não dará para continuar assim". Concordei. Estava me aproximando de completar 30 anos, uma idade comum, mas muito representativa. E tive um estalo que me fez refletir muito em tomar uma decisão mais direta.

Em 2015, me dedicando e dando tudo de mim na empresa, consegui construir duas empresas que não são pequenas, "estão" pequenas. Pensando nisso, vi que meus 30 anos se tornaram um marco em minha vida como o ponto da decisão. Ainda não tenho filhos, ainda consigo ser mais ousado e arriscar

Da Ideia ao ~~Sucesso~~ Fracasso

O tempo que fiquei na empresa, sendo considerado uma peça importante na sua engrenagem, me deixou arrogante e me achando o tal, o que não era verdade. Logo entendi o quão babaca posso ter sido nos últimos anos.

Mas tudo bem. Vida que segue!

Antes de sair, às 18h26, escrevi a seguinte mensagem, que foi enviada do e-mail corporativo, com cópia para minha conta pessoal.

```
Assunto: 4.037 dias depois…

Amigos, boa tarde!

Cara, que difícil!

Nunca imaginei que fosse escrever um e-mail como
esse.

Resolvi mandar do e-mail corporativo, pois acho
que como meu primeiro e-mail @agencia foi para
vcs, nada mais justo que o último também ser.

Infelizmente não consegui dar a notícia
pessoalmente a vocês. Meu desejo sempre foi esse,
mas as agendas de vcs estão cada vez mais
difíceis e eu precisava comunicar o quanto antes
para não perder tempo nesse meu novo desafio.

Eu poderia escrever um e-mail com paginação para
agradecer, reclamar, sugerir, chorar, rir, e
todas as manifestações de sentimentos que
acompanharam todos os nossos passos nesses 4.037
dias de muito trabalho.
```

Volume I: O Sonho

De: Gilbert.Martins@Eatech.com.br
Envio: sexta-feira, 29 de janeiro de 2016 12:02
Para: fabio.gomes@greenship.online
Assunto: RES: Início Oficial

Fábio, boa tarde.

Podemos sim. Aguardo você aqui na segunda para começarmos a tratar do Greenship.

Abraços,

Eatech
Gilbert Martins Bastos
Tecnologia da Informação

É... agora acho que é verdade mesmo!

No fim do dia, deixei sobre minha mesa os cartões de crédito corporativo, computadores, cartões de visitas, cabos, adaptadores, celulares, etc.

A empresa sempre demonstrou muito carinho e respeito pela minha pessoa. Por isso, imaginei que o último dia fosse diferente. Mas não foi. Foi um dia qualquer. Não recebi ligação especial, festa de despedida, qualquer coisa.

Estaria eu sendo muito sentimental e me achando um cara importante?

Sim. Sem dúvidas.

```
primeiro horário para alinhar os pontos iniciais
do projeto?

Aguardo.

Abraços,

Fábio
```

Para ser sincero, ainda não acreditava no que estava acontecendo! Finalmente seguiria minha vida de empreendedor focado no meu projeto. Por isso, mandei esse e-mail para garantir que tudo estava acontecendo! Algumas horas depois, veio a resposta:

Expliquei por alto o que iria fazer, enfatizei o fato de me dedicar ao projeto que a própria empresa rejeitou e finalizei com a data de saída.

Coloquei-me à disposição para passar tudo que precisassem até a data combinada e lamentei o fato de não conseguir falar diretamente com os sócios, que foram as pessoas que me contrataram 11 anos atrás.

Agradeci mais uma vez e fui embora.

Aquela atitude, que eu mal sabia se teria coragem de tomar e levar adiante, tirou dos meus ombros um peso gigante. Depois disso, continuei trabalhando com afinco para não deixar nada para trás. Queria cumprir todos os meus compromissos até o dia da minha saída.

O mês foi longo. Continuava trabalhando na agência no horário comercial. À noite, focava no planejamento do Greenship.

Até que o dia 29 de janeiro de 2016, uma sexta-feira, chegou.

Logo pela manhã, enviei um e-mail para Gilbert:

```
De: fabio.gomes@greenship.online
Envio: sexta-feira, 29 de janeiro de 2016 11:13
Para: Gilbert.Martins@Eatech.com.br
Assunto: Início Oficial


Oi, Gilbert. Bom dia!

Hoje finalizo as entregas na agência e,
finalmente, a partir de segunda, estarei 100%
focado em nosso projeto. Nunca vi um mês de
janeiro tão demorado!

Conseguimos marcar uma reunião na segunda no
```

tirasse a semana para descansar, regressando na semana seguinte. Após essa resposta, ele acrescentou, "mas eu posso tentar ajudar".

Olhei ao redor e só estávamos os três na sala. Levantei, fui até a porta de vidro que estava aberta, fechei-a, e voltei ao meu lugar, ficando de pé de frente para os dois.

Logo que fiz isso, comentei: "eu havia comentado com os sócios que eu tinha algo muito importante e urgente para falar com eles hoje, mas como não viram urgência e eu realmente preciso resolver uma questão, vou falar com vocês mesmo".

Notei que ambos ficaram apreensivos pois não entendiam o que poderia ser.

Respirei fundo e falei com convicção: "amanhã, dia 5 de janeiro de 2016, eu completo 11 anos de empresa. Em todos esses anos, aprendi tanto que tive o prazer de inaugurar diversos departamentos e cargos por aqui. Mas, hoje, gostaria de anunciar que vou seguir um novo desafio e vou me desligar dessa empresa que tanto colaborou para o meu crescimento profissional".

Notei um silêncio ensurdecedor. Eles, boquiabertos, se entreolharam e voltaram os olhos na minha direção. Não acreditaram que o colaborador mais antigo da empresa estaria saindo assim de repente.

Logicamente, depois do silêncio, uma enxurrada de perguntas e tentativas de convencimento caíram sobre mim.

E então chegou o tão esperado dia 4 de janeiro de 2016.

Fui até a matriz, sentei na sala da diretoria para executar minhas tarefas já que não tinha um local fixo, e fiquei trabalhando ao lado do diretor financeiro e da diretora de atendimento. Um detalhe importante: a agência tinha três sócios, sendo que dois deles eram irmãos, que tinham contratados outros dois irmãos como diretores. Esses irmãos não sócios eram respectivamente os diretores financeiro e de atendimento, pessoas com quem eu tinha certa proximidade. Naquele momento os sócios não estavam na agência.

Enquanto realizava minhas tarefas do dia, eu pensava em como ia falar o que precisava. Entre um e-mail e outro, eu virava para a diretora e perguntava se ela sabia do paradeiro dos outros dois irmãos. Ela dizia que não.

O relógio girava e nenhum dos donos chegava. Eu comecei a ficar preocupado, pois no dia seguinte eu já estaria em São Paulo novamente e não era meu interesse dizer algo tão importante por mensagem.

Como havia combinado com Cristian e Márcio que começaria os trabalhos no dia 1º de fevereiro, não podia sair dali sem ter essa conversa. Depois de tudo que construí, queria cumprir o aviso prévio com a mesma dedicação de sempre e, para isso, precisava começar naquele dia.

Após realizar tudo o que precisava, por volta das 18h30, fechei meu computador, virei para o diretor financeiro e perguntei se ele sabia se o diretor que estava acima de mim estava na cidade. Ele respondeu que achava que ele não havia voltado de Angra dos Reis, que talvez acontecimento: "Empreenda no seu emprego atual. Sua atitude irá te promover ou te demitir. O que acontecer será o melhor para você".

Permanecer quase 11 anos trabalhando em uma mesma agência é algo quase impossível de acontecer hoje em dia. Antes de morar em São Paulo, ainda vivendo no interior, eu tinha uma visão muito conservadora de carreira. Acompanhando a vida de meu pai, que trabalhou em apenas uma empresa por toda a vida e se aposentou aos 40 anos, eu pensava que poderia fazer o mesmo.

Esse background me fez sentir um frio na barriga após apertar a mão de Márcio e constatar que o próximo passo seria realmente oficializar o pedido de demissão. Mas minha vontade de seguir adiante era tanta que deixei o conservadorismo de lado e já estava decidido.

No dia seguinte à reunião que sacramentou o investimento no Greenship, mesmo sendo Natal, peguei o computador e escrevi um e-mail para os sócios dizendo que precisava falar com eles com certa urgência.

Como eu estava em São Paulo e iria à minha cidade natal para as festas de fim de ano, combinei que no dia 4 de janeiro de 2016, primeiro dia útil do ano, eu estaria na matriz para falar com eles. Eles responderam que estariam na cidade e confirmaram a conversa.

Fiquei do dia 24 de dezembro ao dia 4 de janeiro na expectativa. Para falar a verdade a ficha ainda não havia caído. Foram tantos anos atuando no mesmo mercado, que a ideia de empreender com investidor era algo muito distante. Enquanto não pedisse demissão eu não iria acreditar no que estava acontecendo.

A saída do trabalho

Em agosto de 2015 dois amigos me procuraram, pois queriam abrir um negócio que ajudaria a agência onde eu trabalhava e eles gostariam de convidá-la a ser sócia do empreendimento. Apresentei-os a um dos diretores, mas a parceria não foi fechada.

Meus amigos me cobraram um retorno e, sabendo que a empresa não tinha oficialmente interesse na inciativa, entrei no negócio como pessoa física com o intuito de facilitar meu trabalho na agência. Já havia sofrido com fornecedores e, desta forma, resolveria um problema que eu tinha no meu emprego.

Infelizmente minha atitude não foi vista com bons olhos.

No início de dezembro fui chamado até a matriz para discutir sobre resultados, mas a conversa foi muito clara quando fui acusado de dividir minha atenção entre meu negócio e meu trabalho. Ouvi tantas coisas nessa reunião que prefiro nem descrever.

Parecia que essa reunião estava acontecendo para que eu não hesitasse no momento certo de tomar uma decisão importante.

O empreendedor Marco Gomes, em um Nerdcast[24] Empreendedor, citou uma frase que não saiu da minha cabeça após esse

---

[24] O NERDCAST É O PODCAST DO BLOG JOVEM NERD, INICIADO NO DIA 2 DE ABRIL DE 2006 COM DURAÇÃO MÉDIA DE 90 MINUTOS. O PODCAST TRATA DE VARIADOS ASSUNTOS, COMO CULTURA NERD E CULTURA POP, CIÊNCIA, COMPORTAMENTO, HISTÓRIA, QUADRINHOS, LITERATURA, CINEMA, TECNOLOGIA, GAMES E ETC.

Não me lembro de nenhum momento profissional anterior que pudesse ser considerado mais feliz do que aquele que estava vivendo naquela reunião.

Tinha alcançado meu primeiro objetivo, que era conseguir um investidor e dar início ao desenvolvimento do meu sonho. Voltei para casa em êxtase. Não acreditava no que estava vivenciando.

Quando isso aconteceu, uma nova etapa se desenhou de forma simultânea em minha mente, que era o meu pedido de demissão de meu atual emprego.

A agência onde eu trabalhava há 11 anos tinha matriz no interior do Estado do Rio e uma sucursal em São Paulo, para onde eu havia sido transferido há algum tempo. Contratado pelo regime de CLT, eu ganhava um salário de R$ 5 mil, além de cerca de mil reais de ajuda de custo para aluguel e mais 600 reais de auxílio-alimentação. Apesar do alto custo de vida de São Paulo, eu achava que ganhava bem até descobrir, mais tarde, que a empresa pagava praticamente a mesma coisa para analistas que trabalhavam na matriz, ou seja, no interior, onde o custo de vida é bem menor. Mas isso não fazia mais diferença. Eu já estava em outra direção. Estava saindo do universo de agência para construir meu próprio negócio.

No mesmo dia estava decidido. Finalmente vou pedir demissão.

- *O objetivo principal do negócio seria construir um produto capaz de resolver problemas de comunicação de qualquer empresa*

Tudo o que foi combinado estava em nossas mentes e o objetivo era, com o tempo, oficializar todas essas decisões com documentos para que nada se perdesse e tudo continuasse de forma sadia, dentro do que havia sido combinado.

Do lado da Eatech, não levávamos nenhum risco para o negócio, já que estaríamos dentro da corporação e com vontade de dominar o mundo. Do nosso lado, tínhamos uma empresa correta, preocupada com o relacionamento e com boas intenções. A Eatech nunca se aproveitaria da inocência de três jovens do interior do Rio. Tínhamos um casamento perfeito.

Depois de contar nossa história, todos estavam totalmente confortáveis com a situação. Combinamos então a minha data de início na empresa: 1º de fevereiro de 2016, pouco mais de um mês após o fechamento do acordo.

Os executivos estavam tão empolgados quanto nós. Com sangue empreendedor correndo nas veias, eles viram a oportunidade de resolver os problemas da empresa bilionária e, paralelamente a isso, criar uma startup da moda com grande potencial de crescimento e globalização.

Com tudo acertado, Márcio se levantou, estendeu as mãos e, olhando nos meus olhos, disse "negócio fechado. Que essa parceria renda muitos frutos para nós".

por uma das reviravoltas no futuro da nossa história, mas ainda não é hora de falar sobre isso.

Cristian e Márcio foram super agradáveis, sendo o segundo executivo mais rígido que o primeiro, mas ambos gente boa.

A conversa foi rasa e muito mais direcionada para que eu pudesse contar minha história, meu relacionamento com meus sócios e o que eu imaginava para o futuro.

Eu sentia que eles estavam totalmente confortáveis com a divisão das cotas. Afinal, 51% para a Eatech e 49% para os fundadores era o melhor cenário para eles não perderem o controle do que seria criado. Sendo uma empresa tradicional com uma reputação invejável no mercado, é claro que eles não iam querer um negócio novo, que eles não dominavam, podendo manchar a imagem de uma instituição bilionária.

As condições combinadas estavam claras para ambos os lados.

- *A Eatech seria a controladora do Greenship*
- *Os fundadores seriam os responsáveis pelo desenvolvimento*
- *A empresa recém-criada ficaria sediada na Eatech até que tivesse capacidade de caminhar sozinha*
- *A Eatech seria o primeiro cliente do produto, ajudando a construir uma plataforma robusta e fácil de usar*
- *Poderíamos sugerir e testar funcionalidades, primeiramente na Eatech*
- *Abriríamos uma empresa específica para Greenship, tendo em contrato social a distribuição de cotas já definida*

A reunião para fechar o negócio

Minha expectativa estava alta e mal conseguia dormir naqueles dias. Ansiedade à flor da pele aguardando um retorno de Gilbert, até que no dia 19 de dezembro de 2015 recebi o tão aguardado feedback.

Gilbert me procurou na agência, que ficava no mesmo espaço da Garagem, e disse que o retorno havia sido muito positivo e que os gestores da Eatech gostariam de me conhecer. Esse encontro já tinha data: 23 de dezembro. Estávamos próximos de ganhar um presente de Natal para prosseguir com nosso sonho.

Os quatro dias que antecederam ao fatídico 23 de dezembro duraram meses! Estava ansioso para a conversa, até que o dia chegou.

Fui sozinho até a Eatech, subi até o 17º andar, me identifiquei, fui direcionado à sala de reunião e aguardei pelos gestores. Em poucos minutos, Gilbert entrou na sala acompanhado por Cristian, o CEO da Eatech, e Márcio, o principal vice-presidente da empresa.

O assunto já estava certo e a conversa era muito mais para eles conhecerem com quem estavam fechando negócio.

Uma política muito interessante da Eatech é que em todas as contratações feitas pelo RH da empresa, pelo menos um diretor precisa conhecer o candidato. Essa atitude estreita o relacionamento e faz com que os principais responsáveis pela empresa pareçam acessíveis a todos, o que realmente acontece. Este acesso seria um dos fatores responsáveis

Esse foi nosso erro número 2: aceitamos a primeira proposta sem pensar no dia de amanhã. Tudo o que queríamos era produzir, criar e tirar o Greenship do papel de forma profissional.

Como falávamos de R$ 630 mil de investimento por 51% das ações, a empresa já valeria mais de R$ 1 milhão e 200 mil no momento zero. E a visão dos pequenos empreendedores do interior do Rio era: seremos sócios de uma empresa milionária!

Nossa resposta, claro, foi sim!

Gilbert apertou minha mão e disse que apresentaria a planilha aos responsáveis da Eatech e, sendo aceito, marcaríamos uma conversa final para alinhamento das expectativas e fechamento do negócio.

Quando mostrei para Gilbert, ele sugeriu adicionar mais um custo temporário de R$ 18.518 durante seis meses, que era o gasto que teríamos com o atual fornecedor da plataforma que iríamos substituir.

Adicionei e o valor total do investimento, com o custo periódico do fornecedor atual, subiu para R$ 740 mil.

Com essa planilha pronta, Gilbert, atuando como gestor de uma área em crescimento dentro da Eatech, criou uma planilha paralela como fonte de receita. Assim como nós, ele também acreditava muito no projeto e estava disposto a viabilizá-lo. Para isso, adicionou na lista os custos que a empresa deixaria de ter após a implementação do Greenship, o que totalizou R$ 603 mil. Sendo assim, subtraindo esse valor dos R$ 740 mil da plataforma, a Eatech investiria efetivamente no projeto R$ 137 mil em dois anos.

Genial.

Gilbert conseguiu, com uma visão totalmente gerencial e financeira, coisa que nós não tínhamos, tornar um investimento relativamente alto em algo irrisório para uma empresa daquele porte.

Com a planilha pronta, perguntei a Gilbert como a Eatech estava disposta a fazer essa "troca". Ele disse que, por conta de segurança de ativos e controle do que estaria sendo feito, a empresa não aceitaria nada abaixo de 51% das ações do Greenship. Em contrapartida, o investimento seria revertido em uma empresa de tecnologia na qual teríamos 49% de participação. Ou seja, a ideia era iniciar dentro da Eatech e ganhar vida própria quando o produto estivesse pronto.

Da Ideia ao ~~Sucesso~~ Fracasso

Com os dados na planilha, a saída ficou com os totais semelhantes aos da tabela abaixo:

```
SAÍDAS                                  24 MESES

Equipe

        Desenvolvedor front-end Pleno   R$144.000

        Desenvolvedor back-end Pleno    R$144.000

        Desenvolvedor back-end Senior   R$184.000

Software

        Dreamweaver (Nunca usado!)      R$844

Infraestrutura

        Estações de trabalho            R$19.000

        Servidor                        R$0

Design e Divulgação

        Consultoria em design           R$138.000

TOTAL                                   R$629.844
```

Chegamos ao valor do investimento! A ideia inicial era de um aporte financeiro de aproximadamente R$ 630 mil.

```
Equipe

    Desenvolvedor front-end Pleno  R$6.000

    Desenvolvedor back-end Pleno   R$6.000

    Desenvolvedor back-end Senior  R$8.000

Software

    Dreamweaver (Nunca usado!!)    R$422

Infraestrutura

    Estações de trabalho           R$19.000

    Servidor                       R$0

Design e Divulgação

    Consultoria em design          R$6.000
```

Agora já tínhamos valores!

Distribuí então esses recursos em dois anos de investimento, que foi o período inicial que combinamos com Gilbert. Levei em consideração que eu seria o Desenvolvedor front-end e back-end, que começaria a atuar em janeiro de 2016, e o Desenvolvedor back-end entraria em fevereiro, juntamente com os trabalhos de design.

Da Ideia ao ~~Sucesso~~ Fracasso

SAÍDAS

```
Equipe

    Desenvolvedor front-end Pleno

    Desenvolvedor back-end Pleno

    Desenvolvedor back-end Senior

Software

    Dreamweaver (Nunca usado!)

Infraestrutura

    Estações de trabalho

    Servidor
```

Pronto! Era disso que precisávamos!

Mas, pensando bem, cheguei à conclusão de que precisaria também de designers, e como Josh e Rogério já atuavam nessa área, adicionei uma consultoria de design que seria feita remotamente por eles até que pudessem atuar plenamente no projeto.

Feito isso, adicionei ao lado das linhas os valores de saída de cada um, ficando assim:

SAÍDAS　　　　　　　　　　　　　　　　**JAN-16**

e softwares. Para as outras necessidades, usaríamos a estrutura da própria empresa.

Acho que esse foi o nosso erro número 1: aceitar desenvolver um produto totalmente tecnológico dentro de uma empresa que não é do segmento. Mas, para nós, tudo bem. O que queríamos era a oportunidade de tirar nosso projeto do papel. E como esse foi o investidor mais concreto que conversamos até o momento, não queríamos perder essa chance. Talvez esta decisão - de aceitar a primeira proposta que recebemos - tenha sido outro erro, mas não vou contabilizá-lo, pois a oportunidade de sair de dentro da empresa e ter "vida própria" aconteceu com maestria um tempo depois, mas isso eu vou detalhar mais à frente.

Comecei a relacionar o que precisaríamos. Josh e Rogério estavam em crescimento em sua agência e Gilbert sugeriu que somente eu iniciasse o trabalho em São Paulo. Futuramente, com o crescimento, poderíamos planejar a ida dos meus sócios.

Como Josh e Rogério estavam de acordo, listei apenas o imprescindível para o negócio funcionar. Ingênuo, e querendo gastar o mínimo possível para não "espantar" o possível investidor, imaginei o seguinte:

Cálculo do investimento

Chegamos ao auge da importância do projeto. Como temos um possível investidor, as conversas agora estavam além de tudo o que já havíamos feito até então.

Depois que Gilbert e a Eatech identificaram que o Greenship poderia resolver os problemas da empresa, entramos na etapa mais difícil, na minha opinião, que era calcular o investimento necessário para nossa ideia sair do papel.

Em meados de novembro de 2015, Gibert me convidou, num sábado, para ir até a Eatech a fim de criarmos uma planilha com tudo o que precisaríamos para executar o projeto.

Ficamos durante horas naquele prédio imponente no meio da Faria Lima calculando valores para viabilizar o Greenship. Me senti tão importante que comecei a levantar tudo que precisava.

Já havíamos feito diversos business plan com valores que teoricamente seriam necessários para o trabalho. Mas, sinceramente, todos nós sabíamos que os dados contidos neles não passavam de chutes.

Fui até a Eatech para ser assertivo. Precisava encontrar um valor que fizesse sentido para o projeto e para o investidor.

A primeira coisa que fiz então foi listar em uma planilha tudo que precisaríamos para desenvolver o produto, como equipamentos, pessoas

O investimento

QUAL O VALOR NECESSÁRIO PARA PRODUZIR UMA IDEIA?

CALCULANDO A QUANTIDADE DE GRANA NECESSÁRIA

NEGOCIAÇÃO DE EQUITY[23]

ACORDO FECHADO E PRONTO PARA INICIAR O TRABALHO

Se tem uma coisa difícil de entender quando se encontra um investidor é o real valor do seu negócio, principalmente se você está partindo de um MVP que não é capaz de ganhar escala e você terá que desenvolver do zero.

Vou descrever nesse capítulo como chegamos ao valor que precisávamos para realizar o projeto; quanto o investidor "ganhou" com esse investimento; e quais os acordos finais foram necessários para que apertássemos as mãos e iniciássemos o trabalho.

---

[23] EQUITY CORRESPONDE AO PATRIMÔNIO LÍQUIDO, A DIFERENÇA DE TODOS OS ATIVOS MENOS AS SUAS OBRIGAÇÕES. MAIS COMUMENTE UTILIZADO PARA DESIGNAR AS PARTES CORRESPONDENTES DE CADA ACIONISTA EM UMA EMPRESA OU CARTEIRA DE INVESTIMENTOS.

Eu estava muito satisfeito com minha façanha. Criei algo que nunca havia feito em poucas horas e estava ali, tendo uma conversa de gente grande, mostrando ao cliente como éramos ágeis.

Foi exatamente essa a percepção do Gilbert. Ele deixou claro que a agilidade que demonstramos aproximou nossa ideia de ser executada dentro de uma grande empresa.

Nesse momento veio em minha mente o que realmente chama a atenção de um investidor quando ele se depara com uma ideia. Ele não quer saber somente sobre o projeto em si, mas também sobre quem irá executá-lo.

Dificilmente alguém receberá dinheiro de investimento se o possível investidor não sentir que o investido colocará o negócio para funcionar da melhor forma.

Depois disso, não vi o Greenship como um projeto, mas sim como uma empresa composta por uma ideia e três malucos prontos para dedicar todo o seu tempo na construção do melhor produto possível. Esse era o potencial do Greenship.

Eu tinha ciência de que havia criado uma versão rudimentar do que precisava demonstrar. Só funcionava com dois clientes específicos e com dois tipos de gráficos, mas dei por mim que era o suficiente para mostrar no momento.

No dia seguinte, às 10h, estava eu na Garagem apresentando a versão que havia construído em poucas horas após o briefing[22] passado pelo cliente.

---

[22] Briefing é um conjunto de informações ou uma coleta de dados passados em uma reunião para o desenvolvimento de um trabalho ou documento. Esse é um instrumento muito utilizado em Administração, Relações Públicas, Design e na Publicidade.

dentro do MVP do Greenship buscando informações reais da ferramenta atual que utilizava uma tecnologia da empresa SAP[20].

Como eu não sabia que isso era difícil, não pensei duas vezes e logo respondi sim, prometendo entregar a solução no dia seguinte.

Quando cheguei em casa, refleti sobre o quanto agi com o coração e não com a razão, pois integrar uma plataforma teste a um ambiente em produção tendo apenas um login de acesso à plataforma atual não era uma tarefa simples.

Mas, já que havia prometido, sentei de frente para o computador e comecei a programar. Nunca havia conectado a um webservices[21] até o momento, mas o Google me ajudou e por volta das 3h40 da manhã já tinha um modelo funcionando.

---

[20] SAP ERP É UM SISTEMA INTEGRADO DE GESTÃO EMPRESARIAL TRANSACIONAL, PRODUTO PRINCIPAL DA SAP AG, UMA EMPRESA ALEMÃ, LÍDER NO SEGMENTO DE SOFTWARE CORPORATIVOS, TENDO CERCA DE 86 MIL CLIENTES, SEGUNDO A PRÓPRIA SAP, EM TODO MUNDO, DENTRE A GRANDE MAIORIA EMPRESAS DE GRANDE PORTE.
[21] WEB SERVICE É UMA SOLUÇÃO UTILIZADA NA INTEGRAÇÃO DE SISTEMAS E NA COMUNICAÇÃO ENTRE APLICAÇÕES DIFERENTES. COM ESTA TECNOLOGIA É POSSÍVEL QUE NOVAS APLICAÇÕES POSSAM INTERAGIR COM AQUELAS QUE JÁ EXISTEM E QUE SISTEMAS DESENVOLVIDOS EM PLATAFORMAS DIFERENTES SEJAM COMPATÍVEIS.

Demonstre agilidade

Depois que demonstramos que poderíamos resolver o problema da empresa, o desafio ficou ainda maior e mais complexo. Isso aumentou nossa responsabilidade de entender o mercado em que a empresa atuava para seguir com as ideias sobre como eliminar as dificuldades que há anos ninguém conseguia resolver.

Todas as questões levantadas indicavam que a Eatech era um grande cliente em potencial. Como estávamos com uma vontade enorme de tirar o produto do chão, a empresa enxergou em nós a oportunidade de desempenhar um novo papel, expandindo sua atuação no ramo de tecnologia - uma ação que diversificaria seus investimentos e resolveria questões internas com possibilidade de escala. Na prática, isso significava que se eles entrassem nesse empreendimento com a gente resolveríamos o problema deles e ainda geraríamos receita com a plataforma. Nós já sabíamos disso desde o início.

Mas, depois de apresentar uma visão geral do produto, o que eles queriam mesmo era saber quem estava entrando nesse barco com eles, ou seja, quem eram esses três pequenos empreendedores do interior do Rio de Janeiro que vieram com uma ideia debaixo do braço e estão prontos para jogar com gente grande?

Essa preocupação seria sanada no momento em que Gilbert nos trouxe um problema prático para ser resolvido: montar um dashboard

Gilbert sentiu confiança no que eu estava dizendo e seguiu adiante mostrando a possível solução para os problemas da Eatech aos seus responsáveis. Por atender a empresa eu já conhecia seus diretores pelo nome, mas não havia tido a oportunidade de conhecê-los pessoalmente. E ainda não foi desta vez que isso aconteceu.

Não os conhecia, mas o que importava é que nossa ideia já circulava em suas caixas de e-mails.

Como o investidor chegou até a gente

Problema a ser solucionado. Essa premissa é uma grande motivação para mim desde este dia. Entendi que gosto de solucionar questões e que é a possibilidade do nosso produto resolver o problema de alguém que faz com que esse alguém nos procure. E foi exatamente isso que aconteceu! Graças ao networking um potencial investidor chegou até nós.

Gilbert nos trouxe um problema realmente interessante para ser resolvido. Ele estava entrando em uma grande empresa que há anos tentava criar uma plataforma para disponibilizar informações aos seus clientes. Sabe qual era essa empresa? A Eatech!

Foram diversas tentativas frustradas. A primeira, inclusive, foi feita pela agência em que eu trabalhava. Eram tantos detalhes que alguém externo ao ambiente dificilmente entenderia qual seria a solução exata para o problema.

Em uma reunião na Garagem, Gilbert explicou o motivo de ter pensado no Greenship quando se deparou com o problema. Ouvindo seu relato, pensei, peguei uma folha de papel e comecei a desenhar o fluxo de funcionamento do projeto. Nessa altura do campeonato eu já me sentia muito mais confiante para conversar com qualquer um sobre o projeto. Seus detalhes e possibilidades corriam em minhas veias em uma velocidade tão alta que eu era capaz de transformar qualquer barreira em degrau para a plataforma ganhar notoriedade.

Da Ideia ao ~~Sucesso~~ Fracasso

O investidor

Achei interessados. E agora?

Networking trazendo possibilidades

Destacando o potencial da ideia

Demonstrando agilidade

O investimento é nos profissionais

> *É obvio que a primeira possibilidade de investimento provavelmente não dará certo. Afinal, no primeiro pitch você ainda não tem o argumento completamente dominado. Essa experiência você pegará na prática.*
>
> *Nesse capítulo vou descrever como foi a evolução do nosso produto até que ele conseguisse despertar o interesse de um bom investidor, além de destacar o que ele gostou no projeto.*

seu portfólio agregava muito valor a gama de serviços prestados. E foi exatamente o que Gilbert fez.

Chegamos a apresentar o Greenship para todos os sócios e gerentes da Garagem como um kick-off de um novo produto na empresa. Mesmo assim, nada de uma oportunidade que realmente exigisse uma dedicação ou um investimento maior do que aquele que já estávamos fazendo.

Enquanto tentávamos um primeiro caso para aplicar o novo conceito da plataforma, continuávamos o desenvolvimento e a implementação de pequenas features que já tínhamos no roadmap[19].

Em novembro de 2015, Gilbert me procurou dizendo: "acho que encontrei um caso para checarmos se o Greenship se aplica, mas teremos novos problemas para serem solucionados".

Foi aí que tudo começou a evoluir a passos de gigante.

---

[19] Em tecnologia, um roadmap é uma espécie de "mapa" que visa organizar as metas de desenvolvimento de um software. Nele podem ser encontradas ainda as possíveis datas de lançamento das próximas versões, bem como um registro do lançamento e notas das versões anteriores. No roadmap pode incluir tarefas do cliente.

Encontre problemas a serem solucionados

O principal problema a ser resolvido pelo Greenship era organizar o que estava desorganizado. O produto em si não usava nenhuma tecnologia nova ou algo diferente. O que deixou a ideia mais interessante foi o conceito usado para centralizar as informações de uma empresa em um único lugar, independente da quantidade de sistemas que a empresa utilizava.

Se eu, um mero usuário de internet, sentia a necessidade de ter meus bookmarks salvos de forma organizada, imagina no ambiente controlado de uma empresa com dezenas, centenas ou milhares de pessoas? Como falar com todas elas ao mesmo tempo? Como disponibilizar o mesmo conteúdo para todos sem onerar servidores? Como distribuir arquivos de forma rápida? Como compartilhar cases de sucesso internamente?

Nosso objetivo passou a ser a solução de todas essas e outras milhares de perguntas feitas diariamente pelos gestores de empresas que buscam soluções para sua comunicação interna.

Após muitas conversas, evoluções, e nada de um caso prático, Gilbert era tão simpático à ideia que me pediu uma apresentação "empacotando" a plataforma como um produto.

O "pacote Greenship" efetivamente resolvia todos os problemas de comunicação de uma empresa e, para a Garagem, que prestava serviços de tecnologia para diversas corporações, ter esse produto em negócios de médio porte. Assim, aumentaríamos o mercado a ser explorado.

Agradeci a sugestão, considerei a mesma em nosso plano e nunca mais vi o empresário.

Para cada conversa, uma nova lista de modificações era incluída, o que deixava nosso planejamento cada vez mais robusto e amarrado.

Tudo fazia sentido, mas até o momento nada de concreto havia surgido para nós.

Mas, pelo menos, conseguimos aprender uma lição muito importante em todas essas idas e vindas. Como dizia Albert Einstein "a mente que se abre a uma nova ideia jamais voltará ao seu tamanho original", e foi exatamente isso que aconteceu com o Greenship. Agora, ele já não era mais a ideia de um barquinho; era o plano de um navio pronto para explorar os sete mares.

Neste momento eu ainda achava que precisava dar uma cara de produto ao projeto. E foi aí que começamos a resolver as dores que realmente existiam.

No dia seguinte, mesmo com uma leve ressaca, aconteceu a reunião. Nela, Gabriel me apresentou Gilbert, que eu já conhecia há anos, pois era um dos donos da Garagem, e Cláudio, um profissional de vendas com muitos anos de mercado que, na ocasião, tinha contatos com fundos de investimentos.

E foi assim que eu percebi que já havia iniciado a conversa com um investidor e não sabia.

Como isso foi antes de pivotar, a ideia não foi tão atrativa para eles. Mas, mesmo assim, mantivemos conversas durante meses para que eu pudesse atualizá-los sobre como o projeto andava. Eu sentia que eles viam potencial no Greenship, mas esperavam tudo ficar mais maduro para agir de forma mais prática.

Após o frustrado diálogo com meu então diretor, recordei essa conversa e marquei com Gabriel, Gilbert e Cláudio um novo papo. Mas agora tínhamos algo muito mais concreto para mostrar.

Durante a reunião apresentei a eles onde havíamos chegado e o retorno foi imediato. Todos gostaram muito do que viram e disseram que pensariam em uma forma de viabilizar o projeto.

Paralelamente a isso, Gabriel também marcou uma reunião com outro possível investidor.

Apesar de só ter conversado com a pessoa nesta ocasião, esse contato me trouxe outro feedback interessante, sugerindo-nos esquecer as empresas grandes, que era o que havíamos decidido, e focar em

Fale com todos. Todos mesmo

Você deve ter um contato interessante perto de você, mas ainda não sabe disso. Eu passei por essa situação e só prestei a atenção quando recebi os feedbacks negativos do meu diretor.

Alguns meses antes da Campus Party, eu estava na festa de aniversário da Garagem - empresa que compartilhava o escritório com a agência onde eu trabalhava - e que estava iniciando uma promissora parceria com o fundador de uma das maiores empresas de tecnologia do Brasil.

Assistindo à apresentação do executivo da empresa, que fez questão de ir à festa para explicar a relação entre as duas instituições, eu e Gabriel, um amigo que trabalhava na Garagem, bebíamos Sagatiba[18] ao lado do local onde acontecia a explanação. No meio da apresentação, Gabriel comentou que conhecia o executivo, que os dois já haviam trabalhado juntos, etc.

Após alguns shots de cachaça, tive um momento de sobriedade e comentei sobre o Greenship, dizendo que gostaria de mostrar a ideia a um investidor e que achava que essa pessoa que estava se apresentando poderia ser um bom contato. Foi quando ele respondeu: "esse cara não sabe de nada. Vou marcar uma reunião amanhã com uma pessoa que pode se interessar pelo seu projeto".

---

[18] A Sagatiba é uma cachaça brasileira, produzida na cidade de Patrocínio Paulista.

Networking é tudo

CONHECER PESSOAS É UM NEGÓCIO

A IMPORTÂNCIA DO NETWORKING

COMO TER CONTATOS SEM SER UMA PESSOA EXTROVERTIDA

> Quanto mais longe você quiser chegar, mais pessoas você precisa ter por perto. E quando digo pessoas, me refiro a contatos que possuem algum tipo de acesso a outras pessoas e empresas.
>
> Com uma rede saudável, você conseguirá alcançar diversos objetivos e basta ter tato para identificar aonde você pode encontrar essas pessoas que vão facilitar o seu acesso a determinadas coisas. E pode até acontecer de você descobrir, durante este processo, que essas pessoas estavam bem embaixo do seu nariz e você não percebeu.
>
> A ideia principal desse capítulo é mostrar como um empreendedor introvertido conseguiu usufruir de seus relacionamentos para alcançar o foco do próximo capítulo, o investidor.

compraria", terminando com um "volte à prancheta e a gente conversa quando tiver algo mais concreto".

De todas as opiniões que já tinha ouvido sobre o Greenship, essa foi a que menos me chocou. Já era de se esperar. Em 2008, esse mesmo diretor já havia "condenado" uma aplicação que desenvolvi como projeto final da faculdade. Projeto que, aliás, foi lançado sem gastar R$1,00 e, mesmo "sem potencial" como foi classificado pelo diretor, me ajudou a arrecadar os recursos necessários para pagar meu intercâmbio no exterior. Então, de todas as opiniões, essa não acrescentou nem tirou nenhum mérito do Greenship.

Com todos esses acontecimentos, chegamos à conclusão de que tínhamos uma rede de contatos muito fraca. Não participávamos de muitos eventos para conhecer pessoas do meio e isso dificultava, e muito, encontrar alguém para conversar. Foi quando veio uma luz na minha mente que me fez refletir... Como eu não pensei nisso antes? Eu já faço networking[17], basta usar da forma correta.

Essa constatação mudou a vida do nosso projeto.

---

[17] O TRABALHO EM REDE É UMA ATIVIDADE COMERCIAL SOCIOECONÔMICA PELA QUAL EMPRESÁRIOS E EMPRESÁRIOS SE REÚNEM PARA FORMAR RELACIONAMENTOS COMERCIAIS E RECONHECER, CRIAR OU AGIR SOBRE OPORTUNIDADES DE NEGÓCIOS, COMPARTILHAR INFORMAÇÕES E BUSCAR PARCEIROS EM POTENCIAL PARA EMPREENDIMENTOS.

do caderno em que estava escrevendo, estendeu as mãos e disse: "obrigado por terem vindo e até a próxima".

Outro soco no estômago.

Esse feedback, no entanto, só nos trouxe dúvidas. Será que fizemos errado mesmo? Será que esse "mentor" tem razão? Onde nosso negócio vai parar? Foram milhares de dúvidas totalmente focadas no motivo da existência do nosso negócio. Porém, ao invés de nos deixar pra baixo, aquilo nos deixou irados e acho que nunca ficamos tão decididos a entrar com tudo em algum trabalho como depois das palavras rasas deste profissional que não quis sequer ouvir a nossa história, estando preocupado somente em cumprir sua agenda como "mentor" em um evento de startups.

Depois disso, chegamos à conclusão de que precisávamos fazer a apresentação para mais alguém, com o mesmo discurso, para provar que aquele cara estava errado.

Mas para quem?

Tive então a ideia de apresentar para o dono da agência em que eu trabalhava. Ele era uma pessoa de mercado, antenada, com muitos anos de experiência comercial. Um profissional que poderia me dizer o caminho e quem sabe até levar a ideia para dentro da agência e seguirmos como sócios.

Marquei a reunião com o diretor da agência e fiz a apresentação na melhor sala da empresa. Contei tudo que sabia. No fim, ouvi coisas como "interessante, mas não vi nada de novo" e "não sei se o mercado

Apresente o produto até a exaustão

Agora que a barca estava ajustada, precisávamos mostrar o produto para alguém. Mas quando digo "alguém" não quero dizer novos usuários. Afinal, nosso foco mudou. Agora era preciso mostrar o produto para quem sofria do problema que nós estávamos resolvendo.

Nosso primeiro pensamento foi mostrar para investidores ou aceleradoras, mas não conhecíamos ninguém deste segmento. E aí, o que fazer?

Decidimos então buscar eventos de startups em São Paulo para podermos mostrar nossa ideia e descobrimos o Circuito Startup. Encontrado o nosso palco, nos inscrevemos, pagamos as taxas e embarcamos.

Em meados de junho de 2015, em um coworking na Rua Aspicuelta, lá estávamos nós na fila da mentoria do evento.

Chegou a nossa vez. Entramos e explicamos o novo pitch [16] em três minutos quando fomos interrompidos pelo "mentor" que nos disse: "não entendi nada e não acho que a ideia faça sentido. Conheço a marca de vocês, pois participei da seleção do Startup & Makers na Campus Party e cinco meses depois estou vendo que nada mudou. Vocês precisam ser mais dedicados e entender o que o negócio de vocês faz". Virou a página

---

[16] REMETE A IDEIA DE UMA FALA OU DIALOGO BREVE E OBJETIVO QUE UM INDIVIDUO UTILIZA PARA DISCURSAR A RESPEITO DE UM PRODUTO, SERVIÇO OU UMA ORGANIZAÇÃO, DEMONSTRANDO SEUS BENEFÍCIOS E VALORES, DESPERTANDO O INTERESSE DO INTERLOCUTOR.

Nosso plano inicial funcionaria muito bem se tivéssemos milhões de leitores e milhares de veículos produtores de conteúdo. Mas, infelizmente, ninguém no Brasil investe em um projeto que depende de usuários para ter sucesso.

Mas nossa mudança não foi tão drástica. Só diminuímos o ambiente. Agora o Greenship era uma plataforma que resolveria a desorganização de conteúdo, porém dentro de uma empresa.

O projeto não precisava resolver o problema do mundo todo, mas sim resolver problemas de pequenos mundos, como o imenso mar de arquivos, dados e comunicados existentes dentro de uma organização.

Pronto. Agora o projeto estava mais afinado.

Aumentamos a confiança no produto e só chegamos a essa conclusão após criar, testar, mostrar e mudar... sem medo.

Com os motores ajustados, chegou a hora de mostrar para outras pessoas.

ocorre o que nos faz fechar os olhos para possíveis problemas e soluções em nosso produto: "a ideia é minha e só eu sei como ela deve ser". E não é bem assim...

Boa parte dos empreendedores que conheço e que possuem uma ideia concentram suas energias nos substantivos ter a melhor ideia de produto, ter o MVP mais bem projetado do planeta ou acumular cadastros e usuários para ter dados e seguir "métricas de vaidade". Mas, na verdade, nenhuma dessas forças de trabalho tem grande importância para o negócio.

Quando realizamos os primeiros testes, aprendemos que concentrar energia na minimização do tempo total gasto no ciclo de feedback é o trabalho que mais agrega valor à concepção do produto.

Com essa luz, decidimos: é hora de pivotar.

Mudamos nosso plano e nosso foco.

Analisando nosso primeiro business plan[15], identificamos que estávamos apostando num sonho que, se pararmos para pensar, poucos no mundo conseguiram realizar com sucesso: ter volume de usuários.

Hoje vemos sites como o Instagram, Facebook, Snapchat, etc, que obtiveram sucesso com base em um grande volume de usuários. Citei aqui três que conseguiram, mas quantos já tentaram chegar ao mesmo patamar e, por não conseguirem milhões de usuários, fracassaram?

---

[15] PLANO DE NEGÓCIOS, TAMBÉM CHAMADO PLANO EMPRESARIAL, É UM DOCUMENTO QUE ESPECIFICA, EM LINGUAGEM ESCRITA, UM NEGÓCIO QUE SE QUER INICIAR OU QUE JÁ ESTÁ INICIADO.

Sem medo de pivotar

A Campus Party foi um dos grandes motivadores para que seguíssemos em frente e deixássemos de lado nossa paixão pelo produto construído, nos agarrando à vontade de levar a ideia ao máximo de seu potencial.

Quando saímos do evento, o primeiro post que fizemos foi:

Greenship está com Fábio Gomes e outras 2 pessoas em Campus Party Brasil 2015.
Publicado por Fábio Gomes [?] · 10 de fevereiro de 2015 · 🌐

O Greenship.online acaba de voltar de uma operação no oceano da Campus Party Brasil com muita informação e ainda mais empolgados com a aceitação do público. A equipe Greenship agradece a participação de todos os marinheiros!

Podem ter certeza que muitas novidades vão surgir nas próximas semanas com o objetivo de melhorar cada vez mais nossa barca de cada dia!

Velas a favor do vento!

No livro Startup Enxuta, Eric Ries diz que o objetivo de uma startup "é descobrir a coisa certa e criar a coisa que os clientes querem, pela qual pagarão o mais rápido possível". Esse conceito anda em paralelo com o que aprendemos através da exposição do nosso produto a um público desconhecido.

Percebi que o maior medo de quem é apaixonado por uma ideia não é que sua visão seja equivocada. O que mais assusta é a possibilidade de que a visão talvez seja considerada errada sem ter merecido uma chance real de ser provada.

Entendemos que era preciso focar em entender o que os possíveis clientes realmente queriam, e não no que achávamos que eles queriam ou no que eles diziam querer. É exatamente neste momento que

Seria poético se esse personagem se tornasse o nosso investidor, não é verdade? Mas nem toda história segue a trama do filme A Rede Social. Tentamos contato com o escritório do investidor na segunda-feira, como pedido, mas nunca tivemos retorno.

Mesmo assim, somos eternamente gratos ao desconhecido que nos mostrou que o segredo seria o pivot[14] da nossa startup.

---

[14] O SIGNIFICADO DE PIVOT PARA UMA STARTUP, APESAR DE SIMPLES DE EXPLICAR, É UMA TÁTICA DE NEGÓCIOS IMPORTANTE QUE PODE DEFINIR SE O PROJETO IRÁ MORRER OU CRESCER. EM QUASE TODO TIPO DE MOTOR, EXISTE UMA PEÇA QUE GIRA EM TORNO DO PRÓPRIO EIXO – ELA É NORMALMENTE CHAMADA DE PIVÔ.

fevereiro de 2015 estávamos lá, apresentando nossa ideia para o "mundo". Pelo menos essa era a nossa sensação!

Criamos uma aplicação que ficasse mostrando, em tempo real, as atividades da plataforma enquanto explicávamos os detalhes para os interessados. Isso chamou a atenção e fez com que as pessoas se cadastrassem, publicassem e vissem isso acontecendo na prática.

Após apresentarmos o Greenship para dezenas de pessoas, um interessado se intitulando "investidor" parou e me perguntou o que era. Expliquei a ele da mesma forma que estava fazendo para os demais. O transeunte então fez uma expressão de que a ideia realmente fazia sentido. No fim da apresentação, ele me deu um cartão e pediu para que eu entrasse em contato na segunda-feira seguinte.

Antes de se despedir, assim como Sean Parker sugeriu a Mark Zuckerberg para tirar o "The" do nome Facebook, o suposto investidor me disse: por que vocês não aplicam exatamente essa mesma ideia em ambientes corporativos? Seria muito mais fácil lançar o produto e crescer.

Que soco no estômago.

Nos primeiros segundos minha mente não quis aceitar. Que audácia uma pessoa anônima vir e querer apontar um caminho para o nosso negócio! Mas, no segundo seguinte percebi o quanto tinha ouro nessa mina. Não imaginávamos que alguém em um evento como aquele nos daria a chave para que o negócio fizesse ainda mais sentido.

Teste sem medo. Sem medo mesmo!

Em novembro de 2014, o evento de tecnologia Campus Party[13] abriu inscrições para que startups nos estágios iniciais e em crescimento pudessem enviar seus projetos. As empresas aprovadas iriam expor seus produtos em uma área do evento denominada Startup & Makers.

Quando vimos essa oportunidade, imaginamos que aquela poderia ser a nossa hora de validar a ideia com pessoas fora do nosso círculo. Explicar o produto para pessoas aleatórias ajudaria muito na captação da percepção geral da ideia.

Fizemos nossa inscrição e no dia 23 de dezembro de 2014 saiu o resultado da seleção. Fomos aprovados e teríamos a oportunidade de mostrar nossa ideia a todos que passassem pelo evento.

Por ironia do destino, exatamente no momento em que recebi o e-mail com a aprovação no processo de seleção da Campus Party, eu estava em uma sala da empresa Eatech aguardando para participar de uma reunião. A agência em que eu trabalhava na época atendia a esta empresa e eu estava lá para uma reunião de rotina. Nunca imaginaria que, um ano depois, esta mesma empresa estaria investindo em nossa ideia. Mas esse é um detalhe que contarei mais tarde.

A partir daí, preparamos os últimos ajustes da plataforma, focamos em deixá-la o mais comercial possível e nos dias 3 e 4 de

---

[13] A CAMPUS PARTY BRASIL É O PRINCIPAL ACONTECIMENTO TECNOLÓGICO REALIZADO ANUALMENTE NO BRASIL. NELE SÃO TRATADOS OS MAIS DIVERSOS TEMAS RELACIONADOS À INTERNET, REUNINDO UM GRANDE NÚMERO DE COMUNIDADES E USUÁRIOS DA REDE MUNDIAL DE COMPUTADORES ENVOLVIDOS COM TECNOLOGIA E CULTURA DIGITAL.

A partir desse momento tivemos a sensação de estar no caminho certo! Não só por termos alcançado bons números, mas também por termos disposição para testar a ideia o quanto antes. O medo não existia mais.

Nesse momento tínhamos a certeza de que a ideia, se bem apresentada, resolveria os problemas de milhares de outras pessoas, assim como resolveu os nossos.

Continuamos, assim, a busca pela excelência, criando e subindo novas features[12] no projeto. Sempre como um MVP. Um MVP cada vez mais forte.

Agora que já sabíamos como o brinquedo funcionava, havia chegado a hora de testar com pessoas que não conhecíamos. Pessoas completamente aleatórias. Precisávamos de um feedback do mercado e não de usuários próximos.

---

[12] É UMA "FUNCIONALIDADE" OU UMA "CARACTERÍSTICA" DE UM PRODUTO.

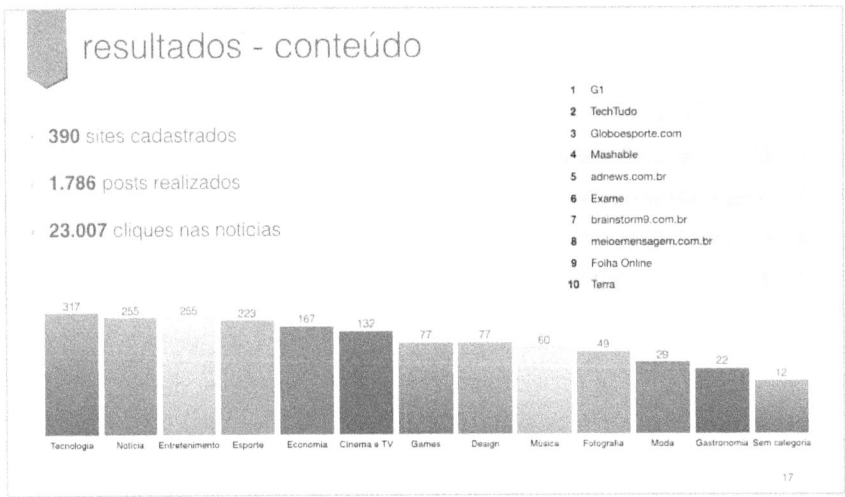

Esses números foram tão motivadores na época que não conseguíamos parar de pensar em alterações, implementações e crescimento. Já que havíamos conseguido provar que o produto funcionava e que as poucas pessoas que o acessaram usaram com certa frequência, bastava um ajuste no direcionamento e mais dedicação para que conseguíssemos atingir nosso objetivo.

Isso não era necessário. Podíamos sim já sair divulgando e buscando por avaliações dos usuários, atitude que só conseguimos tomar em agosto do mesmo ano.

Para não perdermos o controle, criamos um modelo de convite e chamamos pouquíssimos amigos para usarem e compartilharem os feedbacks da plataforma.

Com 45 dias de projeto no ar, conseguimos levantar dados que foram de extrema valia para que pudéssemos direcionar nosso barco.

planejado, como veremos nos próximos capítulos. Confesso, no entanto, que tenho a sensação de que teríamos crescido ainda mais se o MVP tivesse ficado pronto em 2013.

Enfim, com toda essa vontade, e dentro de nossas limitações, seguimos o cronograma e levantamos uma versão arcaica, porém funcional do nosso produto.

Finalmente, no dia 21 de janeiro de 2014, o greenship.online estava no ar, pronto para que qualquer pessoa usasse. Mas, com o site disponível, ficamos com medo... Medo das pessoas não gostarem, medo de não fazer sentido, medo de sermos taxados como loucos por termos criado um barco furado.

Nosso erro aqui foi nos preocuparmos com o que viria, o que fez com que ficássemos mais alguns meses "alisando" a ideia para que ela fosse apresentada às pessoas da forma mais profissional possível.

Da Ideia ao ~~Sucesso~~ Fracasso

Construa um MVP para errar rápido

Já tínhamos a marca, o planejamento e o cronograma com as tarefas descritas. Chegou então a hora de errar! Estávamos tão empolgados que precisávamos provar para nós mesmos que a ideia era boa (ou ruim), mas só saberíamos disso produzindo o mais rápido possível.

A sugestão feita no título desta seção não foi aplicada por nós, até porque não tínhamos nem tempo nem estrutura suficientes para "errar rápido". Como todo empreendedor que inicia uma ideia, vivíamos momentos de altos e baixos durante a sua concepção. Meu emprego na ocasião consumia boa parte do meu tempo, enquanto Josh e Rogério corriam para crescer e manter a recém-criada agência de pé.

Se o planejamento e a marca foram construídos rapidamente, nosso MVP[9] demorou quase um ano para realmente ficar pronto. Talvez ajudasse se tivéssemos buscado uma nova muleta para auxiliar no desenvolvimento, já que a árdua tarefa de front-end[10] e back-end[11] ficaram sob minha responsabilidade.

Sabemos que poderíamos ter agido com mais rapidez, mas fizemos tudo no tempo certo, já que nossos planos seguiram dentro do

---

[9] EM EMPREENDEDORISMO, PRINCIPALMENTE NO CONTEXTO DE STARTUPS, UM PRODUTO VIÁVEL MÍNIMO É A VERSÃO MAIS SIMPLES DE UM PRODUTO QUE PODE SER LANÇADA COM UMA QUANTIDADE MÍNIMA DE ESFORÇO E DESENVOLVIMENTO.

[10] DESENVOLVIMENTO WEB FRONT-END É A PRÁTICA DE CONVERTER DADOS EM UMA INTERFACE GRÁFICA, ATRAVÉS DO USO DE HTML, CSS E JAVASCRIPT, PARA QUE OS USUÁRIOS POSSAM VISUALIZAR E INTERAGIR COM ESSES DADOS.

[11] REFERE-SE A PARTES DE UM APLICATIVO DE COMPUTADOR OU DO CÓDIGO DE UM PROGRAMA QUE PERMITEM QUE ELE FUNCIONE E QUE NÃO PODEM SER ACESSADAS POR UM USUÁRIO. A MAIORIA DOS DADOS E SINTAXE OPERACIONAL SÃO ARMAZENADOS E ACESSADOS NO BACK-END DE UM SISTEMA DE COMPUTADOR. NORMALMENTE, O CÓDIGO É COMPOSTO DE UMA OU MAIS LINGUAGENS DE PROGRAMAÇÃO.

conceito, paleta de cores a ser utilizada e identidade visual que o projeto deveria ter.

Após a definição da marca, começamos o planejamento e corremos para fazer o máximo que podíamos para tirar a ideia do papel. Para isso, nos reunimos várias vezes e fomos definindo o plano de desenvolvimento do projeto ao mesmo tempo em que íamos analisando possíveis concorrentes, curva de valores e funcionalidades, entre outras informações relevantes para servir de bússola.

Apesar de nossas limitações de tempo, em maio de 2013 já tínhamos um planejamento todo criado e listamos as ações em um cronograma para começarmos a trabalhar.

Vamos construir!

Marcamos uma reunião durante a semana. Nela, apresentei a ideia, mostrei os esboços, o wireframe, e coloquei toda a emoção que estava em meu coração para que eles ficassem tão empolgados quanto eu.

Minha proposta: preciso de sócios que cuidem da parte estratégica e visual de todo o projeto e, se isso se tornar um negócio, a estrutura societária ficará assim:

SÓCIO	PARTICIPAÇÃO
Fábio	60%
Josh	20%
Rogério	20%

A resposta da dupla foi simples e direta: estamos dentro, claro!

Conversamos sobre possibilidades e a ideia de transformar o projeto em um negócio inovador, que mudasse a forma de consumir conteúdo, despertou. Passamos então a sonhar com os desdobramentos do projeto, desde ter o primeiro cliente até nos tornarmos milionários para comprarmos um pacote de Skittles[8] de 1 kg e consumir na gravidade zero!

Depois dos devaneios focamos em desenhar um planejamento rapidamente. Em alguns dias já havíamos chegado à conclusão do

---

[8] SKITTLES É UMA MARCA DE DOCES COM SABOR DE FRUTAS, ATUALMENTE PRODUZIDO E COMERCIALIZADO PELA WM. WRIGLEY JR. COMPANY, UMA DIVISÃO DA MARS, INC.. ELES TÊM CASCAS DURAS DE AÇÚCAR COM A LETRA S.

Procure muletas para suprir suas necessidades

"Todo mundo é ignorante, mas em assuntos diferentes", já dizia o ator e comediante Will Rogers. Quando você começa a dar vida a uma ideia, ela começa a exigir de você ações que talvez você não consiga desempenhar com a excelência que um mercado competitivo como o nosso exige.

Ouvi em um podcast do Jovem Nerd[7] um empreendedor dizendo que sempre precisamos de muletas para resolver aquilo que não conseguimos solucionar sozinhos. É lógico que você precisa buscar muletas fortes e que tenham a mesma altura das suas pernas. Sócios de confiança ajudam a realizar. Como já disse Flávio Augusto, fundador da Wise Up e proprietário do Orlando City, "um sócio ruim é pior do que juros de banco".

Quando notei que havia criado um wireframe legal, mas que os rascunhos da marca estavam indo de mal à pior, resolvi procurar essas muletas que fossem de confiança e que tivessem o mesmo perfil louco de construir sem medo de ser feliz!

Marquei então uma conversa com dois amigos, Josh e Rogério. Eles haviam acabado de abrir uma agência de design e resolvi chamá-los para explorar essa ideia comigo.

---

[7] O Jovem Nerd é um blog brasileiro de humor e notícias, criado em 2002 por Alexandre Ottoni de Menezes e Deive Pazos Gerpe, que aborda temas sobre entretenimento, em especial, cinema, séries de televisão, ficção científica, quadrinhos, role-playing game e viagens.

minha carreira no início dos anos 2000 como o extinto webmaster[6] , eu tinha um conhecimento raso sobre todas as etapas de desenvolvimento de um projeto web e logo comecei a esboçar uma identidade visual para que eu me motivasse cada vez mais com a ideia. Foi neste momento que pensei: eu não sou bom em design. Preciso de muletas para suprir essa necessidade.

---

[6] O WEBMASTER É UM PROFISSIONAL CAPAZ DE GERENCIAR AS TAREFAS TANTO DE UM WEBDESIGNER QUANTO DE UM WEBDEVELOPER. UM WEBMASTER NÃO NECESSARIAMENTE DOMINA TECNOLOGIAS DE PROGRAMAÇÃO, DESENVOLVIMENTO E PLATAFORMAS CMS.

Volume I: O Sonho

PROBLEMAS E NECESSIDADES

```
Dificuldade para armazenar, organizar e
sincronizar conteúdos considerados relevantes,
mas que não sejam somente técnicos;

O conteúdo salvo em bookmarking fica
desorganizado e difícil de navegar;

Conteúdo offline não tem uma ligação direta e
rápida com o meio online;

As ferramentas de social bookmarking não possuem
recompensas ou incentivos.
```

Pronto! Já sabia quais necessidades minha ideia tinha que resolver.

Feito isso, comecei a pensar em um nome que fizesse sentido aos problemas que queria resolver. Confesso que não pensei que a ferramenta pudesse se tornar um negócio e por isso criei um nome único fazendo junção de palavras em inglês. Neste livro, vamos chamar a plataforma de Greenship.

Agora sim! Minha ideia estava mais clara para mim com apenas duas coisinhas: um nome e uma lista de problemas que ela resolveria. Simples assim!

Depois que já tinha uma base da direção em que precisava remar, comecei minha jornada de tirar o Greenship do papel. Por ter iniciado

Da Ideia ao ~~Sucesso~~ Fracasso

Neste momento, abri o bloco de notas e escrevi o seguinte:

```
PROBLEMAS E NECESSIDADES

Dificuldade para armazenar, organizar e
sincronizar conteúdos considerados relevantes, mas
que não sejam somente técnicos;

O conteúdo salvo em bookmarking fica desorganizado
e difícil de navegar;

Conteúdo offline não tem uma ligação direta e
rápida com o meio online.
```

Esses foram os primeiros rabiscos que formavam o problema pessoal que eu tinha acabado de descobrir.

Quando comecei a desenhar uma ferramenta que pudesse resolver os problemas descritos, notei que o que tínhamos de possibilidades na época não usava a gamificação[5] para tornar o processo de salvar conteúdos em algo interativo e divertido.

Então, complementei a lista de problemas com mais um item, ficando da seguinte forma:

---

[5] TAMBÉM CHAMADO DE LUDIFICAÇÃO, É O USO DE TÉCNICAS DE DESIGN DE JOGOS QUE UTILIZAM MECÂNICAS DE JOGOS E PENSAMENTOS ORIENTADOS A JOGOS PARA ENRIQUECER CONTEXTOS DIVERSOS NORMALMENTE NÃO RELACIONADOS A JOGOS.

Do problema pessoal à solução

Tudo começou no dia 17 de março de 2013. Nesta data, estava eu em casa navegando por alguns sites com conteúdo sobre economia quando, ao encontrar alguns textos interessantes, tive a necessidade de salvar esses conteúdos em minha pasta "Favoritos". Quando fui fazer isso, notei que, como programador, eu já tinha centenas de pastas no meu bookmarking[3] com conteúdos totalmente técnicos.

Refleti um pouco e fiquei incomodado com o fato de que adicionar o link na minha lista poderia não fazer muito sentido, pois era um conteúdo pontual e dificilmente temos a necessidade de salvar conteúdos deste tipo, como uma notícia, por exemplo. Isso poderia "poluir" meu bookmark de alguma forma.

Na ocasião, eu já usava o del.icio.us[4] como ferramenta de bookmarking e achava a interface simples até demais. Essa reflexão, no entanto, me fez fazer um paralelo com o que o Twitter já fazia: compartilhar conteúdo com outras pessoas. Mas este não era um formato que me agradava para a função de salvar conteúdo por não ter uma forma rápida e simples de consultar, sem contar que meu texto sobre economia ia se misturar com tweets falando mal da operadora de celular, entre outras coisas do tipo.

---

[3] SOCIAL BOOKMARKS SÃO SERVIÇOS E FERRAMENTAS QUE TÊM POR FINALIDADE REPRESENTAR E ORGANIZAR RECURSOS DA WEB DE MODO COLABORATIVO PARA O SEU FÁCIL ACESSO E COMPARTILHAMENTO. SÃO PARTE IMPORTANTE DA CHAMADA WEB 2.0 E SUAS FUNÇÕES ESTÃO INTIMAMENTE RELACIONADAS AO CONCEITO DE "SOCIAL TAGGING".

[4] SERVIÇO DE SOCIALBOOKMARKS DESENVOLVIDO POR JOSHUA SCHACHTER NO FINAL DE 2003. EM 2011 TORNOU-SE PROPRIEDADE DA AVOS SYSTEMS, EMPRESA DOS FUNDADORES DO YOUTUBE: CHAD HURLEY E STEVE CHEN.

Da ideia ao MVP

O SURGIMENTO DE UMA IDEIA

UMA NECESSIDADE

UMA IDEIA LOUCA

UM CAMINHO LONGO A SER SEGUIDO

Executar uma ideia está longe de ser uma tarefa fácil. Mas, sinceramente, tendo a inspiração certa, a execução fica tão empolgante que você esquece completamente a dificuldade e curte cada etapa do processo.

Neste capítulo, vou descrever como cheguei à ideia de construir um produto que fizesse sentido. Mesmo que só para mim!

um senhor bypass[1] do meu querido e tão sonhado investidor. Aliás, esse será o grande foco da história: mostrar o que realmente aconteceu e onde os principais erros foram cometidos. A ideia, em si, não terá tanto destaque por aqui.

Para isso, trago para o leitor documentos, planilhas, imagens, gráficos, wireframes[2], notificações extrajudiciais e petições, entre diversos outros documentos que ilustram todo o processo e ajudam a expor exatamente o que acontece com uma startup quando decisões certas, e erradas, são tomadas.

Como minha ideia é mostrar falhas e acertos que possam ajudar novos empreendedores a não caírem nas mesmas armadilhas das quais eu e meus sócios fomos vítimas, vou usar nomes de pessoas, empresas e produtos totalmente fictícios. Mas fique tranquilo, nobre leitor, que com nomes reais ou não, as causas e efeitos citados nesta história vão transformá-la em uma trágica novela mexicana.

Qualquer semelhança com nomes, pessoas, fatos ou situações da vida real terá sido mera coincidência. Mas, acredite, tudo isso pode acontecer de verdade.

---

[1] Desvio de direção ou caminho; contorno. Passado para trás.

[2] Um wireframe de site web ou website wireframe é um protótipo usado em design de interface para sugerir a estrutura de um sítio web e relacionamentos entre suas páginas. Um wireframe web é uma ilustração semelhante do layout de elementos fundamentais na interface.

Introdução

Muita gente tem talento para criar. Às vezes, a própria pessoa não sabe que ela está destinada a construir coisas. Quando esse é o caso, atuamos como um profissional comum no mercado como qualquer outro, e a vontade de empreender pode despertar em seu chefe duas atitudes diferentes: encorajá-lo, o que nunca aconteceu comigo; ou te dizer que não é possível, o que sempre ocorreu no meu caso.

Resolvi escrever este livro para mostrar um pouco da trajetória comum de tantos empreendedores que, na maioria das vezes, não é mostrada em palcos ou livros. Estou me referindo ao fracasso - uma palavra forte que ninguém gosta de dizer que passou por ela, até atingir o sucesso de outra forma. Daí sim, a pessoa passa a contar com orgulho os tombos que caiu. Enquanto está no chão, no entanto, ninguém quer chamar a atenção.

Vou contar a história de um jovem do interior do Rio de Janeiro, mas que pode ser encontrado em qualquer cidade do Brasil. Um jovem que conseguiu criar diversos negócios sem saber que eram negócios, mas que foi ofuscado durante vários anos para que não descobrisse o valor de seu próprio talento e, após muito tentar, finalmente conseguiu alcançar seu objetivo: encontrar um investidor.

Mas este livro não vai descrever somente o que fiz para chegar lá. Ele vai mostrar também como enxerguei a luz do sucesso e, por conta de interesses distintos, vi essa luz ficar um pouco mais longe após levar cometam os mesmos erros primários que você verá nesse livro, pois o que era um sonho seguido de esperança virou uma história completamente diferente do planejado.

Entre outras contribuições, esta obra pretende ajudar outros empreendedores a enxergar buracos disfarçados de pontes e pontes disfarçadas de buracos. E aqui está somente o primeiro dos três momentos básicos de uma startup.

Erros fazem parte do crescimento e neste livro Fábio descreve alguns deles que se você, leitor, conseguir identificar no seu momento particular não cometerá, e ainda ficará preparado para enfrentar novos desafios que, sem sombra de dúvidas, irão surgir. Não estou sendo pessimista, estou somente adiantando que o crescimento de um negócio deve ser baseado na habilidade de lidar com as dificuldades.

Que o conceito geral de O SONHO seja como o seu, e que venham os próximos volumes para concluir o fluxo de um negócio.

Thiago José de Andrade, o Josh
Fevereiro de 2020

Da Ideia ao ~~Sucesso~~ Fracasso

O ano seguinte começou a todo vapor com definição de metas, entregas, contratação de funcionários, compra de equipamentos, instalação de estrutura e tudo mais que uma startup precisa para sair do papel e se tornar uma grande empresa. Durante sete meses foram centenas de horas dedicadas para que finalmente o MVP fosse implementado para uso e testes. Desse ponto em diante, crescemos, constituímos a empresa de forma oficial e começamos a buscar novos clientes para o produto.

Em 2018, devido ao crescimento exponencial do negócio, sai do interior do Rio de Janeiro e me mudei para São Paulo a fim de me juntar à equipe que já estava dedicada a startup.

Ao chegar, me deparei com uma equipe muito experiente e descontraída atuando em um ambiente totalmente conservador, que não fazia a menor ideia do que é ter uma empresa de inovação e tecnologia dentro dela. Por conta disso, foi preciso uma mudança radical, tanto de forma física quanto organizacional, e foi aí que tudo começou a desandar para algo que jamais buscamos e esperávamos que fosse acontecer: uma rasteira, seguida da saída da empresa contra a nossa vontade.

Muita coisa aconteceu desde então e se tem algo que essa história toda agregou para as nossas vidas foi a experiência de saber que, independente da vontade, todos os pontos e variáveis precisam ser analisados de forma fria e calculista.

Cometemos muitos equívocos, é fato. Entre eles, o de deixar que a ambição de colocar um projeto na rua a qualquer custo nos cegasse para o que estava por vir e espero que outros empreendedores não

Prefácio

Startup. Uma palavra pequena em inglês, que não sei como nem quando foi introduzida em meu vocabulário e se tornou algo tão comum assim como futebol. Por causa dela, busquei cada vez mais direcionar minha criatividade para a inovação visando sempre uma forma de solucionar os problemas dos clientes de forma disruptiva e que realmente representasse uma mudança drástica no dia a dia.

Com esse viés, me aprofundei em tudo que engloba esse ambiente, adquirindo conhecimentos e vivenciando esse mundo novo, ao mesmo tempo tão aberto e agressivo, que foi revelado a mim e a meu sócio Rogério no início de 2013, através de um amigo da faculdade que nos apresentou um projeto com um potencial enorme de mudar a forma como as pessoas se comunicariam digitalmente. Foi então que mergulhamos de cabeça no desafio de tirá-lo do papel e torná-lo realidade.

Mas, como o mundo atual é extremamente agressivo e mutante, não tínhamos como nos dedicar 100% a este trabalho e só fomos perceber que estávamos focando no público errado dois anos depois. Porém, felizmente, ao final deste mesmo ano tivemos a sorte de encontrar uma empresa que buscava solucionar, há muito tempo, seu problema de comunicação interna e era exatamente isso o que oferecíamos. Por isso deu match.

Encontre problemas a serem solucionados	40
## O INVESTIDOR	42
Como o investidor chegou até a gente	43
Demonstre agilidade	45
## O INVESTIMENTO	49
Cálculo do investimento	50
A reunião para fechar o negócio	57
A saída do trabalho	61
## NOTAS DO AUTOR	73
Nota #1: Maio de 2020	74
## AGRADECIMENTOS	77
## SOBRE O AUTOR	78

ÍNDICE

PARCITIPE DA OBRA	V
PREFÁCIO	9
INTRODUÇÃO	12
DA IDEIA AO MVP	14
O SURGIMENTO DE UMA IDEIA	14
Do problema pessoal à solução	15
Procure muletas para suprir suas necessidades	19
Construa um MVP para errar rápido	22
Teste sem medo. Sem medo mesmo!	27
Sem medo de pivotar	30
Apresente o produto até a exaustão	33
NETWORKING É TUDO	36
Fale com todos. Todos mesmo	37

Parcitipe da Obra

Os livros da série Da Ideia ao Fracasso são totalmente mutáveis. A principal ideia do projeto é atualizá-lo com suas dúvidas, sugestões e pontos de vista. Identificou os principais erros do empreendedor em seu processo? Viu onde ele também acertou? Mande pra gente suas considerações e confira atualizações da obra frequentemente. Quem sabe seu nome não aparece neste livro?

O e-mail é **fabio@daideiaaofracasso.com** e todas as sugestões serão avaliadas e adicionadas. Esperamos sua participação!

www.daideiaaofracasso.com